CATALOGUE

D'ESTAMPES

ANCIENNES ET MODERNES

DE TOUTES LES ÉCOLES

Composant la Collection de feu M. CARRIER

Dont la vente aux enchères publiques aura lieu

HOTEL DROUOT, SALLE N° 7

Le Mardi 27 Avril 1875

A UNE HEURE 1/2 PRÉCISE

M⁰ CHARLES PILLET

COMMISSAIRE-PRISEUR

Rue de la Grange-Batelière, 10

M. CLÉMENT

Marchand d'Estampes de la Bibliothèque Nationale

EXPERT

Rue des Saints-Pères, 3

PARIS — 1875

CATALOGUE

D'ESTAMPES

ANCIENNES ET MODERNES

DE TOUTES LES ÉCOLES

Composant la Collection de feu M. CARRIER

Dont la vente aux enchères publiques aura lieu

HOTEL DROUOT, SALLE N° 7

Le Mardi 27 Avril 1875

A UNE HEURE 1/2 PRÉCISE

Mᵉ CHARLES PILLET	M. CLEMENT
COMMISSAIRE-PRISEUR	Marchand d'Estampes de la Bibliothèque Nationale
	EXPERT
Rue de la Grange-Batelière, 10	Rue des Saints-Pères, 3

PARIS — 1875

CONDITIONS DE LA VENTE

Elle sera faite au comptant.

Les acquéreurs payeront, en sus des adjudications, *cinq pour cent* applicables aux frais.

ESTAMPES

1 **Baudoin** (d'après). Le Jardinier galant, gravé par Helman. Très-belle épreuve.

2 — L'Épouse indiscrète, gravée par De Launay. Ancienne épreuve.

3 **Bervic** (Ch.). L'Innocence, d'après Mérimée. Belle épreuve.

4 — Louis XVI, d'après Callet. Belle épreuve avant la déchirure.

5 **Bonington** (R. P.). Rouen. Entrée de la salle des Pas-Perdus, au Palais-de-Justice. — Vue de la Cathédrale. — Fontaine de la Grosse. Trois pièces sur papier teinté.

6 — Caen. Maison Grande-Rue-Saint-Pierre. — Église Saint-Sauveur. — Enfants assis sur les marches d'une porte gothique. Trois pièces sur papier teinté.

7 — Vues d'Abbeville, Beauvais, Bergues, Lillebonne. Quatre pièces.

8 — Entrée de la rade de Rio-Janeiro. — Embouchure de la rivière Caxoera, Élimbourg. Trois pièces.

9 — Le Repos. — Le Silence favorable. — Les Plaisirs paternels. — La Prière. — La Conversation. — Le Retour. Six pièces.

10 **Boucher** (d'après). Paysages et autres sujets. Quatorze pièces.

11 **Charlet** et **Géricault.** Le Naufrage de la Méduse, n° 438 du cat. Lacombe. Rare.

12 **Coiny** (J.). La Création d'Ève, d'après Michel-Ange.

13 **Coypel** (d'après). Madame de ***, en habit de bal; gravée par Surugue. Très-rare épreuve avant la lettre.

14 **Daullé** (J.). Louis XV, roi de France, d'après Rigaud. Belle épreuve.

15 **Decamps** (d'après). Les Chiens de chasse, gravés par Collignon; cat. de M. Moreau, n° 5 des reproductions. Épreuve avant toutes lettres, antérieure au premier état décrit.

16 **Delacroix** (E.). Tigre royal. — Lion de l'Atlas. Deux grandes lithographies. Très-belles épreuves.

17 **Delaistre** (L.). Diane chasseresse, d'après L. Cogniet. Très-belle épreuve avant la lettre, sur chine.

18 **Desnoyers** (A.-B.). Bélisaire, d'après Gérard; épreuve avec le cachet à deux têtes. — Homère, d'après Gérard, gravé par Massard. Deux pièces encadrées.

19 **De Troy** (d'après). Toilette pour le bal. — Retour du bal. Deux pièces gravées par Beauvarlet. Très-belles épreuves.

20 — La Main-chaude, gravé par C.-N. Cochin. Très-belle épreuve.

21 — **Divers.** Le Bal masqué, par Moreau le jeune. — Le Coucher, par Porporati, d'après Vanloo, etc. etc. Six pièces.

22 — Vignettes, d'après Moreau, Marillier, Eisen et autres. 43 pièces.

23 — Tombeau de J.-J. Rousseau. Quatre pièces, dont une gravée par Moreau le jeune.

24 — Compositions diverses, d'après Teniers, Boucher, Watteau et autres. Douze pièces en mauvais état.

25 — Le Midi, d'après Baudouin. — Montants d'ornements, d'après Watteau. — L'Été, d'après Lancret, etc. Onze pièces.

26 — Portraits de Coyzevox, Gluck, l'abbé Prévost, Voltaire, Diderot, Mirabeau. Huit portraits par Audran, Miger, Henriquez et autres.

27 — Vingt portraits en mauvais état.

28 — Portraits d'hommes, la plupart d'après Cochin. Vingt pièces.

29 — Enlèvement d'Amymone, de Durer. — La Tentation, par L. de Leyde. Eaux-fortes d'après Teniers et autres. Six pièces.

30 — Estampes gravées à la manière noire, d'après Rubens et autres peintres anglais. Six pièces.

31 — Combats de taureaux, paysages et titres de livres, par Goya, Taïée, Jacques et Loiselet. Dix-sept pièces.

32 **Drevet** (Les). Bossuet, Jacques-Bénigne, évêque de Meaux; d'après Rigaud. Très-belle épreuve avec trois points. Encadrée.

33 — Cardinal Fleury. — B. Keller. — De Beauveau. — Vintimille, etc. Six portraits en mauvais état.

34 — Portrait d'Adrienne Lecouvreur, d'après Coypel. Rare épreuve avec la faute au mot Modéle.

35 — Duchesse d'Orléans, princesse Palatine, d'après Rigaud. Belle épreuve avec marge.

36 — Henri Oswald, cardinal d'Auvergne, d'après Rigaud. Très-belle épreuve.

37 — Maria Serre, mère de H. Rigaud, d'après Rigaud. Très-belle épreuve.

38 **Dubuffe** (d'après). Souvenirs et Regrets. Deux pièces
gravées par Reynolds. Très-belles épreuves avant la lettre.

39 **Dupont** (M. Henriquel). Portrait du marquis de Pastoret,
d'après P. Delaroche. Très-belle épreuve avant toutes
lettres, sur chine; elle est signée de P. Delaroche, avec
dédicace à M. Carrier.

40 **Dyck** (Ant. Van). Ecce Homo. — P. Breugel. — Erasme.
— F. Snyders. — Paul de Vos. — Jean de Wael. — J.
Breugel. Sept pièces.

41 — Le Titien et sa maîtresse. Epreuve avec l'adresse de
Bonenfant encadrée.

42 — Lucas Varsterman. Très-belle et rare épreuve, avec les
initiales G. H.

43 — Breughel (Jean). — Antoine Van Dyck. — Franck
(François). Trois pièces. Anciennes épreuves.

44 — Momper (Josse de). — Noort (Adam Van). — Paul Pontius. — Snellinx (Jean). Quatre pièces; anciennes épreuves.

45 — Suttermans (Just). Ancienne épreuve.

46 **Dyck** (d'après Ant. Van). Portraits d'hommes. Onze pièces
gravées par Bolswert, Matham, Iode, Pontius.

47 **Earlom** (R.). Les fleurs, d'après Van Huysum. Très-belle
épreuve.

48 — La même estampe.

49 — M. King et Mrs Baddeley, dans les rôles de lord Ogleby
et de Miss Fanny Sterling; d'après Zoffany. Très-belle
épreuve.

50 **Ecole anglaise.** Portraits de femmes, la plupart gravés
en couleur par Condé, Watson et autres. Neuf pièces.

51 **Edelinck** (G.). Des Jardins (Martin-Vanden Bogaert,
connu sous le nom de), d'après Rigaud. Epreuve encadrée.

52 — Léonard (Frédéric). Célèbre imprimeur, d'après Rigaud.
Très-belle épreuve encadrée.

53 — Jean de Lafontaine, de l'Académie française. — Charles
duc de Berry. — H. Rigaud. — Ch. d'Hozier. Quatre
pièces. Anciennes épreuves.
54 — Charles-Maurice Le Tellier. — P. de Carcavy. Deux
portraits d'après Mignard et Tetelin.

55 — Miramion (Marie Bonneau, veuve de Jean Jacques de
Béauharnais, seigneur de), d'après de Troy. Belle épreuve.
56 **Fragonard** (H.). L'armoirie. Très-belle épreuve.

57 **Fragonard** (d'après H.). La bonne Mère. — Le Serment
d'amour. — Le Songe d'amour. — La Fontaine d'amour.
— La Déclaration. — le Serment. Six pièces gravées par De
Launay, Mathieu, Regnault et Bervick.

58 — Les Hasards heureux de l'escarpolette. Très-rare épreuve
à l'état d'eau-forte.

59 — La même estampe. Épreuve de la planche arrondie.

60 — La Famille du fermier, gravée par Beauvarlet. Rare
épreuve à l'état d'eau-forte.

61 — La Fuite à dessein, gravée par Macret et Couché. Belle
épreuve.
62 — Le Chiffre d'amour, gravé par N. de Launay. Belle
épreuve.

63 — La Culbute. Estampe gravée en bistre par Charpen-
tier.

64 — Le Colin-maillard. — La Bascule. Deux pièces gravées
par Beauvarlet.

65 — Vignettes pour les contes de Lafontaine. Sept pièces
avant la lettre.

66 — Vignettes pour les contes de Lafontaine. Huit pièces
avant toutes lettres.

67 **Fragonard** et **Baudoin**. Le Petit prédicateur. —
L'Éducation fait tout. — Le Verre d'eau. — Le Pot au lait
— Les Cerises. Cinq pièces gravées par Ponce et Délaunay.

68 **Fragonard** et **Mme de Pompadour**. Dix-neuf pièces gravées à l'eau-forte.

69 **Gavarni**. Masques et visages. 18 pièces.

70 **Gellée** (Claude, dit le Lorrain). Le Bouvier (R. D. 8) Belle et ancienne épreuve.

71 — La Fuite en Egypte (1). — L'Apparition (2). — Le Troupeau à l'abreuvoir (4). — La tempête (5). — La Danse sous les arbres (10). — Le Soleil couchant (15). — Le Temps, Apollon et les Saisons (20). — Berger et bergère conversant (21). — Le Campo-Vaccino (23). — Petit paysage. Morceau du n° 40. Dix pièces.

72 **Géricault** (d'après). Le Naufrage de la Méduse, gravé par Reynolds. Epreuve avant la lettre.

73 **Greuze** (d'après). La Vertu chancelante, gravé par Massard. Très-belle épreuve avant la lettre.

74 — La Dame bienfaisante. — La Mère bien-aimée. — La Malédiction d'un père. Trois pièces gravées par Massard et Gaillard.

75 **Gros** (P). Le Vigilant. — Le Paresseux. — Qui trop embrasse mal étreint. — Le Trépas du monde, par Guérin. Six pièces dont deux double.

76 **Harlow** (d'après). Miss Litchfield, gravée par W. Say. Epreuve avant la lettre.

77 **Hoppner** (d'après). Miss Whithread, gravé par Reynolds.

78 **Ingres**. Odalisque. — Françoise de Rimini. Lithographiées par Aubry-le-Comte. Deux pièces.

79 — MM. A. Leclère, architectes, gravés par Mme Girard. Epreuve sur chine.

80 **Isabey** (E.). Marines. Six pièces. Epreuves sur papier de Chine.

111 **Nanteuil** (R.). Mazarin et P. Poncet. Trois pièces.

112 — Marolles (Michel de). Epreuve du 1er état, avec marge.

113 **Northcote** (J.). The Falconer, gravé par Reynolds. Très-belle épreuve.

114 **Pichler**. Les fils de P.-P. Rubens, d'après Van Dyck. Très-belle épreuve.

115 **Porporati** et **Guérin**. Suzanne au bain, d'après Santerre, — l'Amour désarmé, d'après Le Corrége. Deux pièces.

116 **Prud'hon** (P.-P.) Une Famille malheureuse. Très-belle épreuve du premier état.

117 — La même pièce. Très-belle épreuve du même état que la précédente.

118 — L'Enlèvement d'Europe, pièce gravée au trait.

119 — Une Lecture. — Jeune garçon jouant avec un chien. Deux pièces.

120 **Prud'hon** (d'après). La Liberté, gravée par Capia. Très-belle épreuve avant la lettre.

121 — La Soif de l'or, gravée par Roger. Superbe épreuve avant la lettre, le nom d'artiste à la pointe. Rare.

122 — La Grotte. — Aminta. Deux pièces avant la lettre, plus une épreuve de la grotte avec la tablette enlevée. Trois pièces.

123 — Daphnis et Chloé. — Abrocome et Anzio. — le Premier baiser de l'amour. Trois pièces par Roger et Copia; plus Daphnis et Chloé, gravé par Lecomte. En tout quatre pièces.

124 — En têtes de la Préfecture de la Seine, du Directoire exécutif, du Ministère de la police et autres. Cinq pièces gravées par Roger.

97 — La marquise d'Exeter, portrait de femme appuyée sur une rampe d'escalier. Deux pièces gravées par Reynolds.

98 — Le prince de Metternich-Winneburg. — Sir Astby. Deux portraits gravés par Cousin.

99 — Portrait du pape Pie VII, gravé par Cousin.

100 **Louis** (Aristide). Portrait de Paul Delaroche. Très-belle épreuve sur chine, avant toutes lettres et portant la signature de D.-P. Delaroche avec décidace à M. Carrier.

101 **Martin** (D.). Jean-Jacques Rousseau d'après Ramsay. Belle épreuve.

102 **Massard** (R.-M.). Atala, d'après Girodet-Trioson. Belle épreuve sur chine.

103 — Hippocrate refuse les présents d'Artaxercès, d'après Girodet-Trioson. Encadré.

104 **Masson** (Ant.) Henri de Lorraine, comte d'Harcourt, dit le Cadet à la perle, d'après Mignard. Belle épreuve encadrée.

105 **Mercury** (P.). Sainte Amélie, d'après Paul Delaroche. Très-belle épreuve avant le titre de : Reine de Hongrie, sur chine.

106 **Moreau** (J.-M.). Décoration du sacre de Louis XVI, roi de France, faite à Rheims, le 11 juin 1775. Très-belle et ancienne épreuve. Toute marge.

107 **Moreau** (d'après J.-M.) Les Délices de la Maternité, gravé par Helman. Très-rare épreuve à l'état d'eau-forte.

108 — N'ayez pas peur, ma bonne Amie, gravé par Helman. Très-rare épreuve à l'état d'eau-forte.

109 — Couronnement de Voltaire, gravé par Gaucher. Très-rare épreuve à l'état d'eau-forte, plus la même pièce terminée avec la lettre.

110 **Moreau et Boucher** (d'après). Vignette pour Rousseau et Molière. Onze pièces.

81 **Isabey** (J. B.). Portrait de la duchesse de Dino, d'après
Gérard. Épreuve sur chine.

82 — Portraits d'hommes et de femmes. Dix pièces.

83 — Caricatures. Trois pièces imprimées à deux teintes.

84 **Janinet.** Nina, gravure en couleur d'après Hoin. Très-
belle épreuve, mal conservée.

85 **Lancret.** Conversation galante, gravée par Le Bas. Très-
belle épreuve.

86 **La Joue** (d'après J.). La Sculpture. — L'Éloquence.
Deux pièces gravées par Cochin et Tardieu.

87 **Laugier.** (J.-N.) Pygmalion et Galathée, d'après Girodet-
Trioson. Très-belle épreuve avant la lettre, sur chine.

88 — Daphnis et Chloë, d'après Hersent. Épreuve avec la
lettre. Elle est encadrée.

89 **Lawrence** (d'après sir Th.). Son portrait gravé par
Cousin. Très-belle épreuve.

90 — Le petit Chaperon rouge. — Princesse Charlotte. Deux
pièces gravées par Richard Lanc.

91 — Portraits de femmes, gravés par Cousin et Reynolds.
cinq pièces.

92 — Portraits et études de têtes, la plupart gravés par Levis
d'après des dessins. Six pièces.

93 — Alex. Hope. — M. Liston. — W. Croker. Trois portraits gravés par Ward, Cousin et Walker.

94 — John M. Mahon. — William Jackson. Deux portraits
gravés par Reynolds et Turner.

95 — Richard, marquis de Wellesby. — Le comte Michel
Woronzow. — Charles, vicomte de Whitworth. Trois portraits gravés par Turner et Reynolds.

96 — Portrait d'un magistrat. Épreuve avant toutes lettres.
— Le Lord vicomte Castlereagh. Deux portraits gravés
par Ch. Turner.

125 — Le Triomphe de l'Empereur, gravé par Roger. Très-
belle épreuve.

126 — Portrait de M. Viardot, gravé par J. Prud'hon fils.
Très-belle épreuve avant la lettre.

127 — Figures pour l'Art d'aimer et Daphnis et Chloé. Six
pièces gravées par Copia, Roger, Beisson et Fragonard.

128 — Le Coup de patte du chat.. — Innocence et Amour.
— L'Amour séduit l'Innocence, etc. Cinq pièces dont
deux à l'état d'eau-forte.

129 — Le Cruel rit des pleurs qu'il fait verser. — L'Amour
enchaîné. — Le Christ en croix. — La Vertu aux prises
avec le Vice, etc., etc. Dix pièces gravées par Copia, Roger et Reynolds.

130 — Figures allégoriques représentant les arts libéraux, le
commerce et l'industrie, etc. Douze pièces.

131 — La Dévideuse. — La Fileuse. Deux pièces gravées par
Prud'hon fils. Très-belles épreuves.

132 — L'Amour séduit l'Innocence, le Plaisir l'entraîne, le
Repentir la suit. — L'Innocence préfère l'Amour à la Ri-
chesse. Deux pièces gravées par Roger, d'après Prud'hon
et mademoiselle Mayer.

133 — Mange, mon petit, mange. — Oh ! les jolis petits chiens.
Deux pièces gravées par Roger. Très-belles epreuves.

134 — La Vengeance de Cérès. — Le Dessinateur. — Le Dé-
sir. — Études de têtes. Cinq pièces gravées par Copia,
Roger et autres.

135 — Le Triomphe de l'Empereur. — La Justice et la Vengeance divine poursuivant le Crime, etc. Trois pièces par
Marin-Lavigne, Maurin et A. Colas.

136 — Portraits de Prud'hon et de mademoiselle Meyer, gravés et lithographiés par Flameng, Boilly, Mauzaire, plus
le portrait de Rachel, par H. Dupont. Cinq pièces.

137 — Le Portement de croix. — Naufrage de Virginie. — Portrait du roi de Rome et de mademoiselle Meyer. Sept pièces gravées par Roger, Flameng, Prud'hon fils.

138 — Le Zéphir. — La Toilette. — Vénus et Adonis. — L'Enlèvement de Psyché. — Une Pensée. — La Vierge. Sept pièces lithographiées par Grevedon, Maurin, Lamy et Aubry-le-Comte.

139 — Sujets divers. Lithographies et gravures. Dix-huit pièces.

140 — Vingt-quatre pièces diverses lithographiées par J. Boilly.

141 — Le Berceau du roi de Rome. Cinq pièces gravées au trait.

142 — Photographies d'après Prud'hon. Dix pièces.

143 **Read** (d'après C). Miss Hariot Powell, gravé par Houston. Très-belle épreuve avant la lettre.

144 **Rembrandt** (P. Van Rhyn). Jésus chassant les vendeurs du temple. — Petite résurrection de Lazare. — Vénus au bain. — Figures académiques ; etc. Dix pièces.

145 — Homme avec chaîne et croix (261). — Faustus (270). — Abraham France (272). — Utenbogardus (279). Quatre pièces.

146 — Le Denier de César (B. 68). Belle épreuve.

147 — Jean Lutma (B. 276). Ancienne épreuve.

148 — Suzanne au bain, surprise par les vieillards, gravé par Earlom. Très-belle épreuve.

149 **Reynolds** (d'après sir J). Lady Smith. — Jane, comtesse de Harrington. Deux très-jolies pièces gravées en couleur par Bartolozzi. Très-belles épreuves.

150 — Les deux frères James Paine, architectes, par Watson.

151 — Lady Compton, gravé par V. Green. Très-belle et rare épreuve avant la lettre.

152 — Vénus et l'Amour, par Fisher. Epreuve probablement avant la lettre.

153 — Diane, vicomtesse de Crosbie, par Dickinson. Très-belle épreuve.

154 — The Hon. Miss Monckton, par J. Jacobi. Très-belle épreuve.

155 — La Sainte Famille, par W. Sharp. Belle épreuve.

156 — The Hon. Miss Frances Harris, par J. Grozer. Très-belle épreuve.

157 — The Hon. Mis Stanhope, par J. K. Smith. Très-belle épreuve.

158 — Lieutenant-colonel Tarleton, par Smith. Très-belle épreuve.

159 **Rousseau** (Th). Paysage gravé à l'eau-forte. Très-belle épreuve.

160 **Rota** (Martin). La Déesse de la Toscane, élevée sur un lion et soutenant deux couronnes au-dessous de deux médaillons, dans lesquels sont représentés les portraits d'Alexandre et Cosme de Médicis. (B. 105). Bonne épreuve.

161 **Rubens** (P. P.). Saint François recevant les stigmates. — La Magdeleine qui s'arrache les cheveux. Deux pièces gravées à l'eau forte.

162 **Rubens** (d'après). La galerie du palais du Luxembourg, peinte par Rubens. Suite de vingt-cinq estampes gravées par Audran, Tardieu, Duchange et autres. Très-belles épreuves avant les numéros.

163 **Ruysdael** (Jacques). Le petit Pont. — Les deux Paysans et leur chien. — La Chaumière au sommet de la montagne. — Paysages par L. Moreau et autres. Seize pièces.

164 **Saint-Aubin** (A. de). Portrait de Le Kain, d'après Le Noir. Belle épreuve.

165 — Orléans (Louis-Philippe d'). Père de Philippe-Égalité,
d'après Cochin. Très-belle épreuve.

166 **Saint-Aubin** (d'après A. de). Le Concert, gravé par
Duclos. Belle épreuve.

167 **Scharp** (W.). Sortie de la garnison de Gibraltar le
matin du 27 novembre 1781, d'après J. Trumbull. Encadrée.

168 **Sicardi** (d'après). Oh! che Boccone! — Nègre couvrant
d'un voile une jeune femme. Deux pièces de forme ronde
gravées par Burke et Copia. Très-belles épreuves dont
une avant la lettre.

169 — Voyez le joli minois. — Oh! che Fortuna! Oh! che
Boccone! Cinq pièces.

170 **Simon** (J. P.). Portrait de la comtesse Regnault-Saint-
Jean-d'Angely, d'après G. Reverdin.

171 **Suyderhœf** (J.). La Paix de Munster, d'après Terburg.
Encadrée.

172 **Tardieu** (A.). Portrait de La Pérouse. Très-belle épreuve
avant la lettre.

173 **Teniers** (D.). La Fête flamande. Belle épreuve du premier état.

174 **Troll.** Vues des Tuileries. Suite de huit estampes en
hauteur. Très-belles épreuves.

175 **Watteau** (Antoine). Figures de modes (R. D. 1 à 7).
Belles épreuves du quatrième état.

176 **Watteau** (d'après A.). La Perspective, gravée par Crépy.
Très-belle épreuve avant toutes lettres. Titre manuscrit.

177 — Le joueur de guitare. Rare épreuve avant toutes
lettres; manque de conservation.

178 — Assemblée galante, gravée par Lebas. Très-belle épreuve.

179 — Les Agréments de l'Été, gravé par Joulin. Très-belle
épreuve.

180 — L'Été, — L'Amour au théâtre français. — Portrait de
Rebel. — Autres sujets. Huit pièces dont une avant la
lettre, mais en mauvais état.

181 **Watteau, Lancret et autres.** Seize pièces en mauvais état.

182 **Wilkie** (D. d'après). La Lettre d'introduction, gravée par
J. Burnet. Très-belle épreuve avant la lettre. Lettres tra-
cées.

183 — Duncan Gray, gravé par F. Engleheart. Très-belle
épreuve avec dédicace de Wilkie à M. Carrier.

184 — Sous ce numéro il sera vendu un nombre considérable
d'Estampes, Lithographies par Charlet, H. et C. Vernet.
Vignettes anglaises et tirées de l'artiste. Quelques gravures
encadrées.

185 — L'Entrée de Ferdinand d'Autriche à Anvers. 1 vol. in-
fol. vel. Figures d'après Rubens.

Paris. Typ. Pillet fils aîné 5, rue des Grands-Augustins.

PARIS. — IMPRIMERIE DE PILLET FILS AINÉ
RUE DES GRANDS-AUGUSTINS, 5